THEONOÉ,

TRAGÉDIE

REPRESENTÉE POUR LA PREMIERE FOIS PAR L'ACADÉMIE ROYALE DE MUSIQUE.

Le jour du mois de Novembre 1715.

Le prix est de trente sols.

A PARIS,
Chez PIERRE RIBOU, seul Libraire de l'Académie Royale de Musique ; Quai des Augustins, à la Descente du Pont-Neuf, à l'Image S. Loüis.

M. DCC. XV.

Avec Approbation & Privilege du Roi.

LE ſujet de cette Tragedie a paru ſi intereſſant à tous ceux qui l'ont vû dans Hygin, d'où je l'ai tiré, que je ne crains pas qu'on m'accuſe d'avoir fait un mauvais choix ; ainſi la critique ne peut tomber que ſur la maniere dont je l'ai traité. C'eſt donc à moi à juſtifier mon plan, & à prévenir quelques objections qu'on pourroit me faire.

Je trouve dans Hygin, que Theſtor avoit deux filles ; Leucippe & Theonoé : celle-ci lui fut enlevée par des Pirates & menée en Carie, où le Roi Icare l'achetta & l'aima plus que ſes autres femmes. Theſtor après bien des courſes pour chercher ſa fille, fit naufrage ſur les côtes de Carie, & il fut fait Eſclave dans le lieu même où étoit Theonoé. Leucippe ayant ainſi perdu ſon pere & ſa ſœur ſans en pouvoir apprendre aucunes nouvelles, conſulta enfin l'Oracle d'Apollon pour ſçavoir quel avoit été leur ſort. Le Dieu lui ordonna de l'aller ſervir dans la Carie en qualité de Sacrificateur, lui promettant qu'elle y retrouveroit ſon pere & ſa ſœur. Leucippe obéït à Apollon ; elle coupe ſes cheveux, ſe traveſtit en homme, & ſous cette nouvelle forme arrive dans la Carie. Theonoé en devient paſſionnément amoureuſe, & irritée de ſes refus, qui n'étoient que trop bien fondez, elle jure ſa mort

& tire un vieux Esclave des fers pour le rendre le cruel executeur de sa vangeance. Cet Esclave se voyant forcé de commettre un crime horrible, s'écrie tristement, à quoi est-tu réduit malheureux Thestor ! à ce nom Leucippe le reconnoît pour son pere, & se fait connoître à lui pour sa fille. Cependant comme ils ne doutoient pas que Théonoé, qui possedoit le cœur du Roi, ne les fit périr tous deux, ils résolurent de la prévenir. Leucippe entra d'abord dans son appartement un poignard à la main, mais la trouvant trop-bien accompagnée, & ne pouvant éviter la mort, elle appella Thestor son pere à son secours. Ce nom ne fut pas plûtôt entendu par Théonoé qu'elle reconnut son pere & sa sœur, & se fit connoître à eux. Icare ayant appris cette avanture, dont on prit soin de lui cacher les circonstances criminelles, combla Thestor & Leucippe de presens, &c.

Les changemens que j'ai fais à cette histoire fabuleuse, sont si nécessaires à la décence de notre Théatre, que j'ose me flater qu'on les approuvera. Thestor selon Hygin n'est revêtu d'aucune dignité; mais l'histoire m'ayant appris qu'il fut pere du célébre Calchas, je n'ai pas balancé à en faire un Roi, pour donner plus de dignité au sujet. Le nom de Leucippe convient encore mieux à un homme qu'à une femme, je l'ai fait fils de Thestor, &

cela m'a sauvé un travertissement qui m'a paru indigne de la noblesse de la Tragédie. A l'égard de Theonoé, j'ai dû lui épargner un adultere en ne la faisant que Reine désignée. M. de Racine m'en a montre l'exemple dans Mithridate; tout le monde sçait que dans cette excellente Tragédie, Monime a déja le bandeau Royal depuis long-tems, & qu'elle ne laisse pas d'avoüer à Xipharés l'amour qu'elle a pour lui, ce qui établiroit dans son caractere non seulement un adultere, mais encore un inceste horrible, si ce couronnement avoit été suivi de l'Hymen. On trouvera peut-être de l'injustice & de la cruauté dans Theonoé quand elle veut faire périr Alcidamas; mais les remords que je lui donne immediatement aprés qu'elle a conçû le crime commencent à la justifier: le soin qu'elle prend de l'arracher au supplice nous doit interesser pour elle, & la reconnoissance qui suit acheve de lui rendre toute son innocence. On me fera peut-être encore une objection. C'est que Théonoé n'avoit qu'à laisser partir Alcidamas dés le troisiéme Acte pour l'arracher à sa rivale, mais outre l'interêt de sa passion, l'incertitude du combat qui se donnoit actuellement entre l'armée d'Icare & celle de Phorbas dont Alcidamas avoit été Général, lui devoit faire craindre que sa rivale ne devint le prix de la victoire, ou le lien de la paix.

Parmi les libertez que je me ſuis données & les épiſodes que j'ai imaginez, j'ai conſervé le fond de la Fable; ſçavoir, que Theſtor & ſes enfans ſe retrouvérent dans la Cour du Roi Icare. Je me ſuis ſurtout appliqué à rendre ce ſujet clair & intereſſant; je n'ai rien négligé pour l'embellir, & j'ai taché de ménager l'expoſition d'une maniere à ne point ennuyer.

ACTEURS

CHANTANS DU PROLOGUE.

LA FRANCE, Mlle Antier.
CLIO, Mlle Pouſſin.
LA VICTOIRE, Mlle Millon.
UN POITEVIN, Mr. Murayre.
Suite de la France.
Troupe de Peuples, Suivans des principales Provinces du Royaume.

Noms des Acteurs & des Actrices chantans dans tous les Chœurs du Prologue & de la Tragédie.

PREMIER RANG.	SECOND RANG.
Meſdemoiſelles	*Meſdemoiſelles.*
Millon.	Bourgoüin.
Paſquier.	Meſnier.
Du Laurier.	Kercoffen.
Guillet.	Conſtance.
La Roche.	Boiſſeau.
Tettelette.	Veron.
Meſſieurs	*Meſſieurs*
Paris.	Le Jeune.
Thomas.	Déshais.
Aubau.	Corail.
Dautreſt.	Alexandre.
Corbie.	Morand.
Lemire-L.	Lebel.
Daniel.	Dupleſſis.
Verni.	Poſte.
Le Comte.	Du Boulet.
Lambert.	Fauſſié.

ACTEURS DANSANS DU PROLOGUE.

SUIVANT DE LA FRANCE.

Monsieur Marcel.

HABITANS D'AUVERGNE.

Messieurs Dangeville, Pecourt.
Mesdemoiselles Brunel, Chasteauvieux.

DE PROVENCE.

Messieurs Germain, Dumoulin-L.
Mesdemoiselles, Menés, Isecq.

DE POITOU.

Monsieur Javilliers, Pierret.
Mesdemoiselles, Lemaire, Dupré.

DE BEARN.

Messieurs F-Dumoulin, P-Dumoulin.
Mesdemoiselles la Ferriere, Haran.

DE BRETAGNE.

Messieurs Guyot, Malterre.
Mesdemoiselles Le Roy, Deschaliers.

ACTEURS.

ACTEURS DANSANS DE LA TRAGEDIE.

PREMIER ACTE.

CARIENS, & CARIENNES.

Mademoiselle Guyot.

Monsieur Marcel, Mademoiselle Menés.

Messieurs Germain, Gaudreau, Pierret, Laque.

Mesdemoiselles Isecq, Lemaire Leroy, Rameau.

SECOND ACTE.

Sacrificateurs & Prêtresses d'Apollon.

Mademoiselle Prevost.

Mesdemoiselles Menés, Isecq, la Ferriere, Dupré, Haran, Lemaire.

Messieurs Blondy, Marcel, Ferrand Gaudreu, Germain, Pierret.

TROISIEME ACTE.

FESTE MARINE.

Matelots & Matelottes.

Monsieur F-Dumoulin.

Meſſieurs P-Dumoulin, Dangeville, Guyot, Malterre, Javilliers, Pierret, Duval, Rameau.
Meſdemoiſelles Mangot, Duval, Chaſteauvieux, Brunel.
Monſieur Gaudreau, Mademoiſelle la Ferriere.

QUATRIE'ME ACTE.

GUERRIERS.
Chef des Guerriers, Monſieur P-Dumoulin.
Meſſieurs Germain, Dumoulin-L. Javilliers, Pierret.
Enſeigne, Monſieur Blondy.
Meſſieurs Marcel, Gaudreau, Dangeville, Pecour, Guyot, Malterre.

CINQUIE'ME ACTE.

Cariens & Cariennes, Lyciens & Lyciennes.
Monſieur Blondy.
Meſſieurs Marcel, Gaudreau, Germain, Dumoulin-L. Saque, Pierret.
Mademoiſelle Menés.
Meſdemoiſelles Iſecq, la Ferriere, Haran, Lemaire, Ramau, Leroy.

PROLOGUE

Le Théatre répresente le Temple de Janus dans le fond. La Statuë du Dieu paroît au milieu, tenant d'une main une cléf & de l'autre une baguette. La porte est encore ouverte. Dans le timpan du fronton, on voit un grand médaillon de Janus, répresenté à deux visages avec l'inscription, JANO CONSERVATORI. *Le reste de ce frontispice est orné de branches entrelassées de laurier & d'olivier, de faisseaux, de Haches, d'Aigles Romaines, & d'Enseignes où l'on lit* S. P. Q. R. *On y voit encore les Statuës des Rois, des Consuls & des Empereurs qui l'ont fermé. Entre celles de Numa & d'Auguste, s'éleve un piédestal pour la Statuë de* LOÜIS LE GRAND, *sous un magnifique pavillon, soutenu par les Génies de la Gloire. Clio & la France sont assises à droit & à gauche du piédestal. La décoration des aîles est une colonnade enrichie de vases d'or, avec des guirlandes qui forment divers festons & entourent les Médailles des douze Cézars, posées dans les entre-colonnemens. Les deux côtez de la Scéne sont occupez par les Provinces du Royaume, élevées sur des Gradins, & representées par leurs Hérauts d'Armes, portant châcun son étendart militaire, & un bouclier sur lequel on voit les Armes de la Province.*

SCENE PREMIERE.

CLIO, LA FRANCE.

CHOEUR.

Triomphez, favorable Paix ;
Comblez les désirs de la France.
Vous avez mille attraits,
Triomphez à jamais.
Ne trompez pas notre esperance.
Regnez à jamais.
Vous avez mille attraits.
Regnez, triomphez à jamais.

Clio & la France s'avancent vers le bord du Théatre. Clio tient l'attribut de la Muse qui préside à l'Histoire ; c'est une trompette d'où pend un livre en rouleau.

LA FRANCE.

Des célébres travaux, vous qui tracez l'histoire,
Muse, ordonnez les Jeux que vous m'avez promis.

Aprés

Après tant de soins pour ma gloire,
Un doux loisir me doit être permis;
Mes plus terribles ennemis
Sont désarmez par la Victoire.

CLIO.

Des plus grands d'entre les mortels,
A qui Rome autrefois consacra des Autels,
Mon zéle en ta faveur rappelle la mémoire;
Voi, quel rang je leur donne; ils n'y sont parvenus
Qu'après avoir fermé le Temple de Janus.

Enchanté d'un si grand exemple,
Le Maître que tu pers les a tous surmontez;
Je lui destine dans ce Temple
Les honneurs qu'il a meritez.

De son auguste sang la gloire est immortelle.
France, le Ciel encor t'appelle
Au destin le plus beau:
Par les soins d'un Héros, des Héros le modéle,
Bellonne éteint pour jamais son flambeau;
Et ton bonheur se renouvelle,
Sous un Maître nouveau.

ENSEMBLE.

Qu'il jouisse à son gré, dans une paix profonde,
Des honneurs les plus éclatans;

Que le cours heureux de ses ans
Au cours de sa gloire réponde.
Dieux, peut-on regner trop long-tems
Quand on fait le bonheur du monde?

Le Chœur repéte ces six derniers Vers. On entend un bruit de Trompettes.

LA FRANCE.

Quel bruit fait retentir ces lieux?

CLIO.

La Victoire descend des Cieux.

SCENE II.

LA VICTOIRE, CLIO, LA FRANCE,

& les mêmes Acteurs de la Scéne précedente.

LA FRANCE.

JE ne puis te cacher mes mortelles allarmes;
Déesse, quels sont tes projets?
Helas! pour me forcer à reprendre les armes
Viens-tu montrer à mes Sujets,
La Victoire avec tous ses charmes?

LA VICTOIRE.

Je ne viens point troubler le bonheur de ces lieux;
Il interesse tous les Dieux.
Dans mes desirs je suis plus équitable:
Je viens te demander le prix de mes bienfaits;
C'est par moi que regne la Paix;
C'est à moi de fermer ce Temple redoutable.

LA FRANCE.

Je suis prête à remplir tes voeux.

CLIO.

J'y consens; commençons nos Jeux.

Un suivant de la France commence le Divertissement.

LA VICTOIRE.

O Janus, quelle eſt ta puiſſance!
Tout commence & finit par toi.

Le Chœur répete ces deux Vers, & répond toujours alternativement.

Tour à tour tu portes l'éffroi,
Et tu fais naître l'eſperence.

O Janus, &c.

Tu tiens ſous ta ſupréme Loi
Et la colere & la clémence.

O Janus, quelle eſt ta puiſſance
Tout commence & finit par toi.

LA FRANCE.

Rends tout l'Univers paiſible;
Il implore ton ſecours:
Après un ravage horrible,
Laiſſe régner les Amours:
Puiſſe ton Temple terrible
Etre fermé pour toujours.

LA VICTOIRE.

Temple fatal, ſource de tant de larmes;
Des mortels conſternez, laiſſe calmer l'éffroi;

Fais qu'un heureux repos succede au bruit des Armes:
La Victoire commande; obéis, ferme-toi.

La porte du Temple se ferme, & présente aux Spectateurs l'Image de la Paix couronnée d'olivier, tenant une corne d'Abondance à la main, & foulant aux pieds la Discorde & l'Envie.

LA FRANCE.

Peuples, à vos désirs Janus est favorable;
Ranimez vos chants & vos Jeux:
La Paix dans l'Univers regne au gré de vos vœux;
Qu'elle soit à jamais durable.

Les Peuples des differentes Provinces du Royaume se partagent en six Quadrilles. composées des Habitans de l'Isle de France, de ceux de Bretagne, de Poitou, de Provence, de Biscaye & d'Auvergne; ils témoignent par des danses la joye qu'ils ont de la clôture du Temple de Janus.

LA VICTOIRE.

Chantez, qu'on vous réponde;
Chantez, tous ce jour heureux.

LE CHOEUR *répond.* Chantons, &c.

Annoncez au reste du monde,
Que la Victoire a comblé vos vœux.

LE CHOEUR.

Annonçons, &c.

Chantez la paix profonde
Qui fait regner les Plaisirs & les Jeux.

LE CHOEUR.

Chantons la paix profonde, &c.

On danse.

LA FRANCE.

La Paix charmante
Remplit notre attente;
La Paix charmante
Vient nous rendre heureux.

Les Ris, les Jeux
Sont toujours avec elle:
Dans ces beaux lieux
Qu'elle soit éternelle!
Séjour tranquile,
Deviens l'azile
Des doux plaisirs
Et des heureux loisirs.

Le divertissement continuë.

UN POITEVIN *chante sur l'air du Menuet.*

Aimable Paix,
Ne nous quittez jamais;
Tendres Amours,
Voici vos plus beaux jours;

Doux Vainqueurs,
Triomphez de tous les cœurs.
Peut-on vivre ſans aimer ?
Non, non, tout doit s'enflâmer.

Second couplet.

Fiére Raiſon,
Tu viens hors de ſaiſon;
D'aimables nœuds
Sont l'objet de nos vœux.

Permets-nous
De ſuivre un penchant ſi doux.
Peut-on vivre ſans aimer ?
Non, non, tout doit s'enflâmer.

On reprend le premier Chœur. Triomphez, &c.

FIN DU PROLOGUE.

ACTEURS
CHANTANS DE LA TRAGEDIE.

THESTOR, *Roi de Lycie, grand Prêtre d'Apollon, sous le nom d'Amphiare,* Mr. Thevenard.

ICARE, *Roi de Carie, amoureux de Theonoé,* Mr. Hardoüin.

LEUCIPPE, *fils de Thestor, sous le nom d'Alcidamas,* Mr. Cochereau.

THEONOE', *fille de Thestor, sous le nom d'Axiamire,* Mlle Journet.

ELISMENE, *fille d'Icare amante de Leucippe,* Mlle Huzé.

IDAS, *ancien Gouverneur de Leucippe,* Mr. Dun.

DORIS, *Confidente de Theonoé,* Mlle Poussin.

NEPTUNE, Mr. Dun.

UN CARIEN, Mr. Plessis.

Troupe de Cariens.

UNE CARIENNE, Mlle Antier.

Troupe de Sacrificateurs de Prêtres & de Prêtresses d'Apollon.

UNE PRESTRESSE *d'Apollon,* Mlle Antier.

Troupe de Matelots.

UNE MATELOTTE, Mlle Mesnier.

Troupe de Guerriers.

UN GUERRIER, Mr. Murayre.

Troupe de Cariens, & de Lyciens.

UNE CARIENNE, Mlle Antier.

Une Carienne, & une Lycienne. Mlles Poussin & Pasquier.

Gardes.

La Scene est à Milet capitale de la Carie.

THEONOE,

THEONOE,
TRAGEDIE.

ACTE PREMIER.

*Le Théatre répresente la Ville de Milet capitale de la Carie : On voit l'avant-cour, & une façade du Palais d'*ICARE.

SCENE PREMIERE.

AXIAMIRE, DORIS.

DORIS.

Quel triomphe pour vous aujourd'hui se prépare !
Je ne le vois qu'avec transport :
Vous ne vous plaindrez plus des outrages du Sort ;

Un Roi généreux les répare :
Aux yeux de ses sujets il va vous couronner.

AXIAMIRE.

Helas !

DORIS.

De ce soupir que dois-je soupçonner ?

AXIAMIRE.

Icare est généreux & tout veut que je l'aime,
Mais pour prix de son diadême,
Il me demande un cœur qui n'est plus à donner.

DORIS.

Quoi ! pour Alcidamas ce cœur soupire encore ?

AXIAMIRE.

Je devrois le haïr, Doris, & je l'adore.

Souviens-toi de ce jour, fatal à mon repos,
Où le camp de Phorbas me montra ce Héros,
Couvert de sang, brillant de gloire :
Tout trembloit, tout fuyoit devant ce fier Vainqueur ;
Faut-il que malgré moi j'en garde la mémoire ?
Il traînoit par tout la victoire,
Il la porta jusqu'à mon cœur.

DORIS.

Brisez, brisez des fers dont la gloire s'offense :
Un ingrat, un sujet vous range sous sa loi !
Ah ! pouvez-vous aimer si vous n'aimez un Roi ?
Songez-vous qu'à Thestor vous devez la naissance ?

AXIAMIRE.

Je sçai tout ce que je lui doi :
Les Lyciens soûmis à sa puissance,
Sur Leucippe & sur moi, restes d'un sang si beau,
Dans des tems plus heureux, fondoient leur esperance;
Un jour seul la mit au tombeau.
Une troupe barbare aborda le rivage ;
Nos yeux à la lumiere à peine étoient ouverts,
Qu'on nous précipita du thrône dans les fers.

DORIS.

Vous remontez au thrône en sortant d'esclavage.

AXIAMIRE.

Ah ! que n'ai-je expiré dans mes premiers liens ?
Cher Leucippe, trop heureux frere,
Sans doute le trépas vint t'affranchir des tiens ;
Si tu vivois encor tu vangerois mon pere.

DORIS.

C'est donc à vous à le vanger ;
Vous vivez & Phorbas respire !
Il déthrôna Thestor ; tout doit vous engager
A détruire un injuste Empire.
Mais quoi ! de son thrône aujourd'hui
Alcidamas est le plus ferme appui,
Et pour Alcidamas Theonoé soupire !
Que fais-je ? Dieux ! quel nom je viens de prononcer !

AXIAMIRE.

Dois-je à ce nom si cher pour jamais renoncer?

DORIS.

Aprés l'hymen du Roi vous pourrez le reprendre.

AXIAMIRE.

Ah ! cruelle, à quel prix prétends-tu me le rendre!

DORIS.

Tout ce que la gloire a d'éclat,
L'Amour sur vous va le répandre;
Pour vous vanger d'un cœur ingrat,
Regnez sur un cœur tendre.

AXIAMIRE.

Vangeons-nous, le dépit est enfin le vainqueur;
C'est le dépit que j'en veux croire:
Indigne amour, sors de mon cœur,
N'y laisse regner que la gloire.

SCENE II.

ICARE, AXIAMIRE, DORIS, Gardes.

ICARE.

IL est tems, belle Axiamire,
Qu'un Roi soûmis à votre empire
Partage son thrône avec vous:
Après ce premier soin, je vole à la victoire:
Que ne pourrai-je pas animé par la gloire
De me voir bientôt votre époux?

AXIAMIRE.

Vous m'offrez des honneurs que je n'osois attendre;
Mais quand vous me placez dans un rang glorieux,
Je dois vous épargner la honte de descendre;
Axiamire a des Rois pour ayeux.

ICARE.

Des Rois! Ciel! que viens-je d'entendre?
Ah! que n'attendiez-vous, Princesse, à me l'aprendre
Qu'en ces lieux mon amour eut sçû vous couronner.
Le sceptre est votre bien, vous devez y prétendre;
J'aspirois à vous le donner,
Et je ne puis que vous le rendre.

AXIAMIRE.

Avant que d'être à vous par le sort des combats,
J'étois dans les fers de Phorbas;
Il ignore mon rang, il me traite en esclave;
Pourrez-vous le souffrir?

ICARE.

Non, ne le croyez pas.

AXIAMIRE.

Jusqu'au pied de ces murs vous voyez qu'il vous brave.

ICARE.

Non, je perdrai le jour, ou je serai vainqueur;
J'en jure par vos yeux, souverains de mon cœur.
Du fier tiran, je confondrai l'audace;
Je vangerai Thestor dont il remplit la place.

ENSEMBLE.

ICARE. Allons, signalons-nous } par d'éclatans exploits.
AXIAM. Allez, signalez-vous }
Combattons } pour l'amour & pour le diadême.
Combattez }
Partageons } avec les Dieux même,
Partagez }
La gloire de vanger les Rois.

SCENE III.

ICARE, AXIAMIRE, DORIS, Gardes, Troupe de Cariens & de Peuples de Milet.

ICARE.

Peuples, reconnoissez vôtre nouvelle Reine;
La gloire avec l'amour m'inspire un si beau choix:
J'adore Axiamire, elle est du sang des Rois;
L'hymen doit nous unir d'une éternelle chaine:

Chantons, chantons un sort si doux,
Qu'elle regne à jamais sur nous.

Le Chœur repete ces deux derniers Vers.

On Danse.

DORIS.

Vous formez d'heureuses chaînes;
Oubliez tous vos tourmens:
Les plaisirs aprés les peines
En deviennent plus charmans.

Si l'amour coûte des larmes;
L'Hymen comble les desirs:
Mille charmes,
Sans allarmes
Récompensent les soupirs.

Le Divertissement continuë.

THEONOE,

UNE CARIENNE.

Heureux l'époux
Qu'un tendre amour engage;
Quel bien si doux
Vaut un tel esclavage?

Le Chœur repete alternativement. Heureux l'époux, &c.

D'aimables nœuds
Vont remplir votre attente;
Que de vos feux
L'ardeur toujours s'augmente:

Sans les Amours
On languiroit sans cesse;
Les plus beaux jours
Sont faits pour la tendresse.

Le Chœur. Heureux l'époux, &c.

Puisse à jamais
Une chaîne si belle,
Par ses attraits
Vous paroître nouvelle:
Le bonheur passe
Dès qu'on s'en lasse:
Point de plaisirs
Sans desirs.

Le Chœur. Heureux l'époux, &c.

PETIT

PETIT CHOEUR.

A s'enflammer
Le tendre amour convie.

GRAND CHOEUR.

Peut-on former
D'autres vœux dans la vie?
La ſeule affaire
Eſt de ſe plaire
Et de s'aimer.

On repete. Heureux l'époux, &c.

SCENE IV.

UN CARIEN, & les Acteurs de la Scene précedente.

LE CARIEN.

SEigneur, des Lyciens, la perte est infaillible;
Cessons de craindre Alcidamas.

AXIAMIRE *à part.*

O ciel!

LE CARIEN.

Ce Guerrier si terrible
N'est plus dans le Camp de Phorbas.

ICARE.

Profitons d'un tems si propice;
Que le Tyran périsse.

LE CHOEUR.

Que le Tyran périsse.

SCENE V.

AMPHIARE, & les mêmes Acteurs.

AMPHIARE.

OU courez-vous, téméraires mortels?
C'eſt aux Dieux qu'apartient la gloire
De diſpoſer de la victoire;
Pourquoi négliger leurs Autels?

Apollon a toujours protégé cet Empire:
Un Heros de ſon Sang en fut le premier Roi;
Par nos vœux réünis obtenons qu'il m'inſpire;
Et ſoûmettons-nous à ſa loi.

Dieu protecteur de la Carie,
Finis le cours de nos malheurs;
De notre ſang & de nos pleurs
Que la ſource par toi ſoit à jamais tarie.

Dieu protecteur de la Carie
Finis le cours de nos malheurs.

Le Chœur répete ces deux derniers Vers.

AMPHIARE.

Où s'égarent mes pas? quel éclat m'environne!
O ciel! j'oſe porter les yeux
Juſques dans les ſecrets des Dieux!
Quel trouble! quel effroi! je frémis; je friſſonne;

L'aproche du Dieu me confond:
Je l'interroge; il me répond.
Apollon par ma voix va s'expliquer lui-même:
Gardez un ſilence profond,
Pour entendre ſa loi ſuprême.

ORACLE.

Roi, chéri d'Apollon, eſpére un ſort heureux.
C'eſt par moi que ſur ce rivage
Des étrangers ont fait naufrage;
Leur chef à mes Autels doit combler tous tes vœux.

ICARE.

Qu'une même ardeur nous anime;
Mon ſort vient de ſe révéler;
Appaiſez Apollon, offrez lui ſa victime,
J'en ai d'autres à m'immoler.

Fin du premier Acte.

ACTE SECOND.

Le Théatre répresente le Temple d'Apollon : On voit un Autel dressé pour le Sacrifice.

SCENE PREMIERE.

ELISMENE.

MAlheureux étranger, helas! quel est ton
sort!
On va verser ton sang sur ce fatal rivage:
Ne t'ai-je sauvé du naufrage
Que pour te livrer à la mort?

La pitié pour toi m'interesse;
Que dis-je? la pitié! Dieux! n'est-ce point l'amour?

Icare m'a donné le jour,
Et j'aime un inconnu! quelle indigne tendresse?

Mais à mes yeux en pleurs, c'est lui qui vient s'offrir;
Puis-je sans expirer songer qu'il va mourir.

SCENE II.

ALCIDAMAS, ELISMENE.

ALCIDAMAS.

AMphiare en ces lieux prépare un Sacrifice ;
Et c'est mon sang qui doit couler pour vous ;
Belle Princesse, qu'il m'est doux,
De pouvoir à vos vœux rendre Apollon propice !

ELISMENE.

S'il étoit propice à mes vœux,
Il vous seroit moins rigoureux.

ALCIDAMAS.

Vous ignorez que la victime
A merité le coup mortel.

ELISMENE.

Vous reprochez-vous quelque crime ?

ALCIDAMAS.

Je vai l'expier sur l'Autel.

J'ai sçu vous le cacher, je le tairois encore ;
Mais enfin je viens en ces lieux
Recevoir vos derniers adieux,
Et je porte à l'Autel un cœur qui vous adore.

ELISMENE.

Ciel ! qu'osez vous me déclarer ?

ALCIDAMAS.

Pour m'en punir je suis prêt d'expirer.

D'un téméraire amour votre gloire s'offense:
Faut-il pour fléchir vos rigueurs
Faire briller l'éclat de ma naissance ?
Le sort entre nos rangs n'a point mis de distance,
Mais c'est à l'Amour seul à rapprocher les cœurs.

ELISMENE.

Quoi ! votre rang . . . . ô Dieux ! le puis-je croire?

ALCIDAMAS.

Nourri dans les combats, guidé par la victoire,
J'allois donner des loix où régnoient mes ayeux
Quand j'ai fait naufrage en ces lieux ;
Les Dieux m'y réservoient la gloire
De mourir à vos yeux.

ELISMENE.

Helas ! prêt d'expirer que venez-vous m'aprendre ?
Ah ! Prince, s'il se peut, laissez-moi vous haïr ;
Je sens déja pour vous une pitié trop tendre. . . . .
Que fais-je ? ô Ciel ! mon cœur va se trahir.

ALCIDAMAS.

Au nom de l'ardeur la plus belle,
Achevez un aveu dont mon cœur est charmé ;
Dans les bras de la mort m'enviez-vous, cruelle,
La douceur de me croire aimé ?

ELISMENE.

Malgré moi ma foiblesse extréme,
Ne vous en laisse que trop voir :
Mes larmes, mes soupirs, tout vous aprend que j'aime,
Ah ! que n'est-il en mon pouvoir
De me le cacher à moi-même !

ALCIDAMAS.

Vous m'aimez ! mon sort est trop beau ;
J'emporte en expirant votre cœur au tombeau !

ELISMENE.

Tombe plutôt sur moi le coup qu'on vous prépare.

ALCIDAMAS.

Dieux redoutables !

ELISMENE.

Dieux vangeurs !

ENSEMBLE.

Faut-il que la mort nous sépare
Quand l'Amour vient d'unir nos cœurs ?

ELISMENE.

Je vais dans votre sort interesser la Reine,
Mais si mon désespoir ne peut rien obtenir,
Malgré la mort inhumaine
L'Amour sçaura nous unir.

SCENE

SCENE III.

ALCIDAMAS.

O Dieux ! où courez-vous ? elle fuit ma presence !
Elle veut renoncer au jour !
Je craignois son indifference,
Je crains encor plus son amour.

Mais on vient m'immoler ; bravons la mort cruelle.

J'ai sçu tromper les soins d'Idas ;
Mon enfance autrefois fut commise à son zéle ;
Il a par tout suivi mes pas ;
Il me seroit assez fidelle
Pour me suivre jusqu'au trépas.

SCENE IV.

AMPHIARE, ALCIDAMAS.

AMPHIARE.

OU sont ces malheureux, que Neptune avec toi
A fait périr sur ce rivage?

ALCIDAMAS.

Si vous cherchez leur chef, vous le voyez en moi.

AMPHIARE.

Toi, leur chef! je te plains : verras-tu sans effroi
Le péril où ce nom t'engage?
Sçais-tu quel doit être ton sort?

ALCIDAMAS.

Victime d'Apollon, je me livre à la mort.
Dieux! vous voulez mon sang & je vous l'abandonne.

AMPHIARE.

Je ne puis le cacher ; ta constance m'étonne:
Quel climat a vû naître un cœur si généreux?

ALCIDAMAS.

La Lycie.

AMPHIARE.

Ah! Dieux rigoureux,

Quel sang me faites-vous répandre!

ALCIDAMAS.

Donnez-moi le trépas.

AMPHIARE.

Les Dieux te l'ont promis;
Dans ce Temple tu peux l'attendre.
Plus je le vois, plus je frémis.

SCENE V.

AMPHIARE.

QU'ai-je appris? quelle horreur de mon ame s'empare:
Apollon, est-ce ainsi que tu tiens ton serment?
Pardonne à ma douleur ce juste emportement.
Sur le rivage où regne Icare,
Je devois retrouver & ma fille & mon fils,
Déplorables objets d'un destin trop barbare,
Grand Dieu, tu me l'avois promis.
Et quand de ton arrêt supréme,
Thestor aprés vingt ans n'ose se défier;
Loin de lui rendre un fils, tu lui donnes toi-même
Un sujet à sacrifier.
On vient immoler la Victime:
O Ciel, de mon devoir ne me fais pas un crime.

SCENE VI.

AMPHIARE, Sacrificateurs, Prêtres & Prêtresses d'Apollon.

AMPHIARE.

CE grand jour doit combler nos voeux:
Faisons éclater notre zele;
Célébrons la gloire immortelle
Du Dieu qui va nous rendre heureux.

CHOEUR.

Ce grand jour doit, &c.

On danse.

AMPHIARE.

O Flambeau de la nature,
Il n'est point de nuit obscure
Que tu ne puisses bannir:

Par toi, lumiere éternelle,
L'impénétrable avenir,
A nos regards se révéle.

On danse.

UNE PRÊTRESSE.

Toi, qui fais succeder aux plus affreux orages
Un Ciel tranquille & sans nuages,
Ramene un calme heureux dans ce triste séjour.

Dieu puissant, fais que notre gloire,
Sur les aîles de la victoire,
Vole en tous les climats où tu répands le jour.

Le Chœur des Prêtresses répete ces trois derniers Vers.

AMPHIARE.

La Victime s'approche, ô mortelles allarmes !
Prêt à verser son sang, je sens couler mes larmes.

SCENE VII.

ALCIDAMAS, *orné de Guirlandes pour être immolé,*
IDAS, *& les mêmes Acteurs de la Scene précedente.*
L'Autel est dressé au milieu du Théatre.

AMPHIARE, *le couteau levé sur la Victime.*

FRappons.

IDAS, *lui retenant le bras.*

Arrêtez.

AMPHIARE.

Ciel ! qui m'ose retenir ?

IDAS.

Ne me refusez pas la mort que je demande ;
Avec un sang si cher que le mien se répande :
Non, rien ne peut nous désunir.

AMPHIARE.

Quels sons.... Quels traits....

IDAS.

Qu'entends-je, & que vois-je moi-même!

AMPHIARE.

Ah! je n'en doute plus, c'est Idas que je voy;
Qu'as-tu fait de tout ce que j'aime?
Je l'avois commis à ta foy.

IDAS.

Ciel!

AMPHIARE.

Parle.

IDAS.

O trop malheureux pere.
Je ne veux pour témoin de cet affreux mystere
Que vous, la victime & les Dieux.

AMPHIARE.

Ministres d'Apollon, qu'on nous laisse en ces lieux.

SCENE VIII.

AMPHIARE, ALCIDAMAS, IDAS.

AMPHIARE.

QU'est devenu mon fils?

IDAS.

Helas!

AMPHIARE.

Ton cœur soûpire!
Aprends moi son destin.

IDAS.

Je tremble à vous le dire.

AMPHIARE.

Tes pleurs m'annoncent qu'il est mort.

IDAS.

Non, Seigneur, votre fils voit encor la lumiere;
Mais puis-je sans frémir envisager son sort?
Il touche à son heure derniere.

AMPHIARE.

O ciel! quelle odieuse main.....

IDAS.

Il n'en fut jamais de plus chere.

AMPHIARE.

Que dis-tu? quel est ce mystere?
Acheve. De mon fils qui doit percer le sein?
Explique toi.

IDAS.

Consultez la Victime.

ALCIDAMAS.

Quel trouble....

AMPHIARE.

Ah ! tout mon ſang s'éleve en ſa faveur ;
Un mêlange confus de tendreſſe & d'horreur,
M'annonce mon fils & mon crime.

ALCIDAMAS.

Grands Dieux !

AMPHIARE.

Tu balances encor,
Cher Leucippe !

ALCIDAMAS.

A ce nom mon trouble ſe diſſipe ;
Quand vous reconnoiſſez Leucippe,
Puis-je méconnoître Theſtor.

AMPHIARE.

O mon fils !

ALCIDAMAS.

O mon pere !

ENSEMBLE.

O noms remplis de charmes !

AMPHIARE.

Au défaut de ſon ſang, Dieux, acceptez mes larmes.

ALCIDAMAS.

Si mon ſang doit couler pour appaiſſer les Dieux,
Achevez votre Sacrifice.

AMPHIARE.

AMPHIARE.

Non, mon fils, à mes vœux Apollon est propice.

L'Oracle dont le sens se dévoile à mes yeux
M'annonçoit ton retour & non pas ton suplice.

Dieu favorable achéve mon bonheur;
Tu m'as promis & le frere & la sœur.

Mais, que dis-je? du Roi prévénons la colere;
Il vient d'ordonner ton trépas.
Quel sacrifice! il ne sçait pas
Combien la victime m'est chere.

Fin du second Acte.

ACTE TROISIÉME.

Le Théatre represente le rivage de la Mer. On voit les Vaisseaux des Lyciens prêts à faire voile.

SCENE PREMIERE.

AXIAMIRE.

DIeu puissant! Dieu vainqueur! contre tes nouveaux traits,
Quel secours veux-tu que j'implore?
Que deviens-tu charmante paix?
Helas! faut-il te perdre encore
Pour ne te retrouver jamais?

SCENE II.

AXIAMIRE, DORIS.

DORIS.

Quel nouveau trouble vous agite ?
Sur ces bords, inquiete, incertaine, interdite,
Vous laissez égarer vos pas ;
Icare est-il tombé sous les coups de Phorbas ?

AXIAMIRE.

De mon trouble apprends le mystere.
J'ai voulu voir cet étranger ;
Tu le sçais, au seul nom de sujet de mon pére
J'avois frémi de son danger ;
Il m'étoit bien plus cher encore.
Helas ! aurois-je cru le trouver en ces lieux !
Ce même Alcidamas que malgré moi j'adore
S'est offert à mes yeux.

DORIS.

Alcidamas ! Dieux ! que viens-je d'entendre ?
D'un ennemi fatal songez à vous défendre.

AXIAMIRE.

Que prétends-tu, cruel Amour !
Mon cœur se flattoit en ce jour
D'avoir sur un ingrat remporté la victoire ;

Lui fais-tu traverſer les flots
Pour venir troubler mon repos,
Et me faire oublier ma gloire ?

DORIS.

Souvenez-vous qu'au ſort du Roi,
Le nom que vous portez déſormais vous enchaîne.

AXIAMIRE.

Que me ſert le grand nom de Reine,
Si je ne puis regner ſur moi ?

DORIS.

Non ; votre victoire eſt certaine ;
Votre Ingrat eſt prêt à partir....

AXIAMIRE.

Non, non, je n'y puis conſentir.

DORIS.

Quoi ! tromper l'eſpoir d'Eliſmene ?
Songez-vous qu'à ſes vœux.....

AXIAMIRE.

Ah ! je ne ſçavois pas
Qu'ils fuſſent pour Alcidamas.

Mais dans ſon ſort quel interêt prend-elle ?
Ses ſoins ont droit de m'allarmer.
L'aime-t'elle ? ô douleur mortelle !
A-t'elle ſçû s'en faire aimer ?

Il faut que je m'en éclairciſſe.

Elle vient ; que je crains d'apprendre mon malheur !
L'amour jaloux m'inſpire un artifice,
Et je vais pénétrer juſqu'au fond de ſon cœur.

SCENE III.

AXIAMIRE, ELISMENE.

ELISMENE.

Reine, pour vos sujets que c'est un doux présage,
De voir que vos soins généreux,
Sur un illustre malheureux,
Si tôt que vous regnez commencent leur ouvrage.

AXIAMIRE.

Princesse, à vos desirs que peut-on refuser ?
Mais de mes premiers soins je dois craindre la suite;
J'ouvre à des Lyciens le chemin de la fuite ;
Contre le Roi n'est-ce pas trop oser ?

ELISMENE.

Apollon pour eux se déclare,
Vous l'avez appris d'Amphiare.

AXIAMIRE.

Les Dieux sont satisfaits, mais le Roi ne l'est pas :
Pour lui ravir le trône, & peut-être la vie,
Phorbas avoit armé cette troupe ennemie ;
Elle a pour chef Alcidamas.

ELISMENE.

Qu'entends-je ?

AXIAMIRE.

Ce Guerrier si fier, si redoutable,

Est ce même étranger que j'arrache à l'Autel ;
Puis-je sans me rendre coupable
Sauver notre ennemi mortel ?
Trahirai-je le Roi ? trahirez-vous un pere ?
Livrez-vous aux transports d'une juste colere ;
Vangeons le sang qu'a fait couler
Cet ennemi de notre Empire ;
Venez, suivez mes pas ; il est tems qu'il expire :
On ne peut trop-tôt l'immoler.

ELISMENE.

Je frémis ; arrêtez.

AXIAMIRE.

Qu'osez vous entreprendre ?
Ce sacrifice importe au repos de ces lieux.

ELISMENE.

Helas !

AXIAMIRE.

Vous soûpirez ; ah ! j'ouvre enfin les yeux ;
Vous l'aimez ?

ELISMEME.

Daignez le défendre.

AXIAMIRE.

Il suffit, je dois prendre part
Aux troubles d'un amour si tendre ;
Sur ces bords avec vous l'étranger peut se rendre :
Reposez-vous sur moi du soin de son départ.

SCENE IV.

AXIAMIRE.

O douleur ! ô tourment qu'aucun tourment n'égale ;
Quel noir tranſport vient me ſaiſir ?
Ah ! que je vais payer le funeſte plaiſir
D'avoir découvert ma rivale !

Je ſens que toute ma raiſon
Cede à l'horreur de cet outrage ;
Le déſeſpoir cruel & l'implacable rage,
Font couler dans mon cœur leur plus affreux poiſon.

SCENE V.

AXIAMIRE, DORIS.

DORIS.

ENfin Alcidamas va quitter ce rivage;
C'est vous qui l'ordonnez; l'amour céde au devoir.

AXIAMIRE.

L'Ingrat! quoi? partir sans me voir!
Quel outrage! à me fuïr Elismene l'engage.

DORIS.

Elismene!

AXIAMIRE.

Pour lui je connois son amour;
Et je ne puis douter qu'il ne l'aime à son tour.

A son départ il faut que je m'oppose;
Viens, contre lui du peuple animons la fureur;
Quel que soit le péril où par là je l'expose,
Son départ a pour moi mille fois plus d'horreur.

On entend un bruit de Haut-Bois.

Ce bruit m'annonce qu'il s'avance;
Allons.

DORIS.

Où courez-vous?

AXIAMIRE.

Je vole à la vangeance.

SCENE

SCENE VI.

AMPHIARE, ALCIDAMAS, IDAS, *Troupe de Matelots Lyciens.*

CHOEUR.

Tout favorise nos vœux;
Le Dieu des Mers nous seconde:
Le vent qui regne sur l'Onde,
Nous promet un sort heureux.

On danse.

UNE MATELOTTE.

Premier Couplet.

On s'engage
Dans l'orage;
On s'engage
Sans prévoir son sort;

Un Zéphire
Qu'on voit rire,
Sans nul effort
Fait quitter le port.

Quand on aime,
Tout rit de même;
Gardons-nous
D'un attrait si doux.

Second Couplet.

La Jeunesse
Qu'Amour blesse;
La Jeunesse
Brave le danger:

C'est folie
Dans la vie
Que s'engager
Sans y bien songer;

Mais dans l'âge
Où l'on s'engage,
La raison
Est peu de saison.

SCENE VII.

ELISMENE, *& les mêmes Acteurs de la Scene précedente.*

ELISMENE.

ELoignez-vous de ce rivage ;
Prévenez un fatal couroux :
Ne differez pas davantage
Allez, partez, embarquez-vous.

CHOEUR.

Ne differons pas davantage
Allons, partons, embarquons-nous.

Dans le tems que les Lyciens vont s'embarquer, les flots se soûlevent tout à coup, les vents sifflent, le Ciel s'obscurcit, le tonnerre gronde, & les Vaisseaux sont emportez loin du rivage.

CHOEUR.

Le Dieu des flots soûleve l'Onde :
Quel bruit ! quels affreux fiflements !
Eole contre nous déchaîne tous les vents ;
Ciel ! ô Ciel ! le tonnerre gronde.

ALCIDAMAS.

L'orage loin de nous emporte nos Vaisseaux :
Dieu des Mers, quelle est mon offense ?
Pour la seconde fois j'éprouve ta vangeance ;
Mais Neptune m'entend ; il sort du fond des eaux.

Le Théatre paroît éclairé. La Mer se calme, Neptune sort du fond des flots dans un Char tiré par des Chevaux Marins, & accompagné de Tritons.

SCENE VIII.

NEPTUNE, & *les mêmes Acteurs.*

NEPTUNE.

Ne troublez plus la paix de mes humides plaines:
Retirez-vous, Tirans des airs;
Obéissez au Dieu des Mers:
Vents affreux, rentrez dans vos chaînes.

AMPHIARE.

Grand Dieu ne laisse pas ton ouvrage imparfait;
Daigne sauver mon fils d'une injuste poursuite.

NEPTUNE.

Je ne puis approuver sa fuite;
Apollon n'est pas satisfait.

Neptune disparoît.

AMPHIARE.

Ciel, est-ce encor du sang qu'Apollon me demande?
O mon fils, est-ce toi que je dois immoler?

ALCIDAMAS.

S'il faut que mon sang se répande,
Pour les Dieux & pour vous il est prêt à couler.

AMPHIARE, ELISMENE, ALCIDAMAS.

Redoutables vangeurs des crimes,
Accablez vos fiers ennemis;
Mais pourquoi prendre pour victimes
Des mortels qui vous sont soûmis?

AMPHIARE.

Malgré le tendre nom de pere;
Apollon, s'il le faut, je remplirai tes Loix.
Mais une victime si chere
Vaut bien qu'on la demande une seconde fois.

Fin du troisiéme Acte.

ACTE QUATRIÉME.

Le Théatre répresente une place d'Armes, ornée d'un Arc de Triomphe, de Statues sur des piedestaux, de trophées, de palmes, &c.

SCENE PREMIERE.

ALCIDAMAS, ELISMENE.

ALCIDAMAS.

Aissez-moi seul ici, la Reine doit s'y rendre;
Pour moi craignez moins son couroux.

ELISMENE.

Idas a pris soin de m'apprendre
Que son cœur a brûlé pour vous.
A découvrir mes feux elle a sçû me contraindre:
Helas! que n'ai-je pas à craindre?

ALCIDAMAS.

Son amour doit vous rassurer.

ELISMENE.

Il m'allarme encor davantage :
L'amour s'abandonne à la rage
Quand on l'ose déſeſperer.

ALCIDAMAS.

Jugez mieux du cœur de la Reine;
J'en réponds; ſa vertu ne ſçauroit ſe trahir.

ELISMENE.

Autant qu'elle vous aime, elle peut vous haïr;
Gardez d'en faire une inhumaine.

ALCIDAMAS.

C'eſt trop vous allarmer.

ELISMENE.

Ah! ſes tranſports jaloux
N'ont-ils pas ſoûlevé le peuple contre vous?
Puis-je trop en craindre la ſuite?
Quand le Dieu des flots déſarmé
Eût ouvert à vos pas le chemin de la fuite
Mille bras vous l'auroient fermé.

On vient; c'eſt la Reine elle-même.
Cachez-lui les beaux feux dont nos cœurs ſont épris;
Oubliez, s'il le faut, qu'Eliſmene vous aime;
Adieu, ſauvez vos jours; il n'importe à quel prix.

SCENE II.

AXIAMIRE, ALCIDAMAS.

AXIAMIRE.

Vous esperez tout d'Elismene,
Son amour vous promet la clemence du Roi;
Mais son secours est foible & votre attente est vaine;
Il faut fléchir les Dieux & moi.

ALCIDAMAS.

Reine, vous l'ordonnez; ma mort est trop certaine.
Eh bien! si malgré moi j'ai pû vous offenser,
Frappez, voilà mon cœur, je vous l'offre à percer.
Trop heureux si je puis éteindre votre haine
Dans le sang que je vais verser!

AXIAMIRE.

Moi, te haïr! tu peux le croire!
Ingrat, de mon amour rappelle la mémoire.

Je sçai que je devrois te voir avec horreur:
C'étoit peu de l'indifference;
Une odieuse préference
Vient de rallumer ma fureur:
Mais je sens que l'amour, plus fort que la vangeance,
S'interesse pour toi dans le fond de mon cœur.

ALCIDAMAS.

Que mon sort est heureux, & qu'il est déplorable !
Helas ! je puis vous désarmer;
Que ne puis-je être moins coupable !

AXIAMIRE.

Ah cruel ! tu te plains de ne pouvoir aimer,
Et trouves ma rivale aimable !

Les maux que tu me fais souffrir
Ont commencé de t'attendrir ;
Acheve, réponds à ma flamme.
La pitié dans cet heureux jour
A trouvé place dans ton ame;
N'en reste-t'il point pour l'amour ?

à part. ALCIDAMAS.

Justes Dieux ! que mon cœur se fait de violence !
Cachez-moi vos bontez.

AXIAMIRE.

Ah ! j'en ai trop pour toi.
Tu vois de mon amour jusqu'où va la puissance :
Icare m'offre en vain & son thrône & sa foi;
Je renonce à tout pour te plaire.
Pour prix de tant d'amour sauve-toi, sauve-moi ;
N'attendons pas ici que les Dieux & le Roi
Nous immolent à leur colére.

ALCIDAMAS.

Non, regnez sur ces bords, tout y rit à vos vœux :
Pourquoi vous attacher au sort d'un malheureux ?

AXIAMIRE.

AXIAMIRE.

Ma Rivale en ces lieux t'arrête ;
Tes yeux éblouïs de son rang,
D'une esclave sans nom méprisent la conquête ;
Mais si tu connoissois & mon nom & mon sang.....
Il n'est pas tems encor de t'en instruire :
Fuyons, sauvons nous de ces lieux ;
Viens, ta valeur peut te conduire
Jusqu'au trône de mes ayeux.

ALCIDAMAS.

Ah ! lorsque vous m'offrez la suprême puissance,
Que ne puis-je à mon tour.....

AXIAMIRE.

Helas !
Dequoi sert à mon cœur une reconnoissance
Que l'Amour ne t'inspire pas ?

C'est trop me plaindre d'un outrage
Que ton sang est prêt d'expier ;
Mon amour se transforme en rage :
C'est peu de te sacrifier ;
Tremble, frémis d'horreur ; je suis amante & Reine ;
Tremble ; frémis pour Elismene.

ALCIDAMAS.

Pour Elismene ! ah ! que prétendez-vous ?
Ecoutez mes soûpirs, voyez couler mes larmes ;
Faut-il pour la sauver embrasser vos genoux ?

AXIAMIRE.

Ote-toi de mes yeux, cache-moi tes allarmes;
Elles irritent mon couroux.

SCENE III.

AXIAMIRE.

FAut-il immoler ce que j'aime?
Se peut-il que l'Amour m'impose cette loi!
Mais, dois-je le sauver? il veut périr lui-même:
Il ne balance pas entre la mort & moi.

Perdons un Ingrat qui m'offense:
Va, fui, lâche pitié; fureur, regne à ton tour:
C'est dans les feux de mon amour
Qu'il faut allumer ma vangeance.

SCENE IV.

AXIAMIRE, DORIS.

DORIS.

O jour heureux ! ô favorable sort !
Par une victoire éclatante,
Les Dieux ont rempli notre attente :
Le Roi triomphe & le tyran est mort.

On entend un bruit de guerre.

Icare en ces lieux va paroître ;
Venez au devant de ses pas.

AXIAMIRE.

Non, non, de ses transports mon cœur n'est pas le maître ;
Dans le trouble où je suis je ne le verrai pas.

SCENE V.

ICARE, *Troupe de Guerriers, de Captifs, &c.*

CHOEUR.

CHantons le bon heur de nos armes:
Du bruit de nos exploits remplissons l'Univers:
Triomphons après mille allarmes;
Nos ennemis sont dans les fers.

On danse.

UN GUERRIER.

Que tout applaudisse.
Que l'air retentisse.
Chantons un Roi victorieux;
Que son nom vole jusqu'aux Cieux.

Célébrons sa gloire,
Publions ses bienfaits.
Sa Victoire
Nous promet la paix.

On repete Que tout applaudisse, &c.

Regnez, Paix charmante;
Votre empire est doux:

Avec vous tout enchante;
Rien ne plaît sans vous.

On repete. Que tout applaudisse, &c.

Doux plaisirs, le vainqueur vous rappelle;
Suivez la paix,
Revenez avec elle.
Doux plaisirs, le vainqueur vous rappelle;
Suivez la Paix:
Régnez à jamais.

O l'heureux jour!
Notre gloire est immortelle:
Que de biens naissent tour à tour!
Ne craignons plus la guerre cruelle:
Plus d'ennemi que le tendre amour.

Quel doux vainqueur! que sa chaîne est belle!
Peut-on vivre heureux
Sans ses aimables nœuds?

On danse.

ICARE.

Joüissez d'une paix profonde;
Elle est le fruit de vos exploits:
Heureux les peuples & les Rois
Qui peuvent la donner au monde.

CHOEUR.

Joüissons d'une paix profonde;
Elle est le fruit de nos exploits: &c.

SCENE VI.

ICARE, AXIAMIRE, & les mêmes Acteurs.

ICARE.

Reine, nos Destins sont changez.
Voyez par quel bonheur votre regne
commence.

AXIAMIRE.

Pour assûrer votre puissance
Il faut que les Dieux soient vangez.

ICARE.

Que dites-vous?

AXIAMIRE.

Tremblez, Icare;
Redoutez un fatal courroux:
Les Dieux trahis par Amphiare
Sont prêts d'éclater contre vous;
Il ose épargner la victime
Qu'Apollon dans son Temple ordonne d'immoler.

ENSEMBLE.

ICARE. Hâtons-nous } d'expier le crime.
AXIAMIRE. Hâtez-vous }
Le sang qu'on doit aux Dieux ne peut trop-tôt couler.

Fin du Quatriéme Acte.

ACTE CINQUIÉME.

Le Théatre représente le Palais des Rois de Carie, d'ordre Corinthien, enrichi des plus superbes ornemens que l'Architecture & la Sculpture puissent former. Il est disposé de maniere qu'on voit dans l'enfoncement un magnifique Jardin au travers d'un grand vestibule en peristile, soutenu par des Cariatides.

SCENE PREMIERE.

AXIAMIRE.

IL va périr, & c'est moi qui l'ordonne !
Amour, dans quel abîme as-tu traîné mes pas ?
Aux plus affreux transports Icare s'abandonne ;
C'est peu de perdre Alcidamas,
Il veut immoler Amphiare ;
Je deviens à la fois sacrilége & barbare :
Ah ! je trahis l'Amour, j'outrage tous les Dieux.

C'en eſt fait.... le fer tombe..... ils vont ceſſer de
vivre.
Quelle horreur..... attendez..... je ſuis prête à
vous ſuivre.....
Ciel! quel nuage épais les dérobe à mes yeux.....
Le ſombre voile ſe diſſipe:
Dieux! je vois Theſtor & Leucippe;
Ils me reprochent ma fureur.
Cheres Ombres, je vous atteſte......

Mais ma raiſon revient, tout fuit, il ne me reſte,
Que les cruels remords qui déchirent mon cœur.

SCENE II.

ICARE, AXIAMIRE.

ICARE, *à part dans le fond du Théatre.*
Axiamire eſt infidelle!

AXIAMIRE.
Je vois Icare; ô Dieux! puiſſai-je l'attendrir!

ICARE, *appercevant Axiamire.*
Sa préſence m'inſpire une fureur nouvelle.

AXIAMIRE.
Il faut l'appaiſer ou mourir.

ICARE.

ICARE.

On doit m'amener mes Victimes ;
Mon zéle pour les Dieux va bien-tôt éclater.

AXIAMIRE.

Votre zéle & le mien pourroient être des crimes ;
N'en croyons que les Dieux, allons les consulter.

ICARE.

Qui les consultera ces arbitres suprêmes ?
Ne sont-ils pas trahis par leurs Ministres mêmes ?

AXIAMIRE.

Songez que ce n'est qu'à leurs yeux
Que leurs secrets daignent paroître ;
Vous sçavez qu'Amphiare.....

ICARE.

Amphiare est un traître :
Vangeons-nous ; vangeons tous les Dieux.

AXIAMIRE.

Laissons aux Immortels le soin de leur vangeance.

ICARE.

Vous pouvez d'un perfide embrasser la défense !
Amphiare trahit les Dieux & mes Etats :
Il me trahit moi-même ; il sauve Alcidamas.

AXIAMIRE *à part.*

O Ciel !

ICARE.

Secondez ma colére ;

C'est trop long-tems souffrir que le jour les éclaire.

Venez.

AXIAMIRE.

Helas ! où courez-vous ?

ICARE.

Qui vous fait balancer ? quel trouble vous agite ?

Je vous vois tremblante, interdite ;

C'en est trop ; je me livre à mes transports jaloux.

AXIAMIRE.

Dieux !

ICARE.

Je n'osois en croire au rapport d'Elisinene ! *

Deviez-vous me flatter de l'espoir d'être à vous,

Si vous portiez une autre chaîne ?

AXIAMIRE.

Qu'entends-je ?

ICARE.

Alcidamas a sçeu vous attendrir.

AXIAMIRE.

Alcidamas ! ah ! cessez de le croire.

Moi l'aimer ! non, Seigneur, il y va de ma gloire.

ICARE.

Pour vous justifier venez le voir mourir.

AXIAMIRE.

Le voir mourir ; grands Dieux !

ICARE.

Perfide !

AXIAMIRE.

Eh bien ; je l'aime ;
Voulez-vous l'immoler ? commencez par moi-même.

ICARE.

Vous le perdez loin de le ſecourir.

ENSEMBLE.

ICARE. Puniſſons } qui { nous } offenſe ;
AXIAMIRE. Puniſſez } { vous }
Frappons } que { mon Rival } expire ſous { mes } coups.
Frappez } { vôtre Amante } { vos }
C'eſt par { lui } que l'amour jaloux,
{ moi }
Doit commencer ſa vangeance.

AXIAMIRE.

Rien ne peut fléchir votre cœur ;
Cruel !

ICARE.

Vous m'apprenez à devenir barbare.
Mais pour Alcidamas je ſuſpends ma fureur ;
Qu'il parte ; que ce jour aſſure mon bonheur ;
Qu'il nous uniſſe & vous ſépare.
Il vient; je vais vous rendre arbitre de ſon ſort,
Mais ſongez qu'un refus eſt l'arrêt de ſa mort.

SCENE III.

ICARE, AXIAMIRE, AMPHIARE, ALCIDAMAS, Gardes.

ICARE.

APprochez ; il est tems de punir tous vos crimes.

AMPHIARE.

Nos crimes ! quels noms odieux !
Icare, apprenez que les Dieux
N'en souffrent point dans leurs Victimes.

ICARE.

Tu viens de leur désobeïr ;
L'as-tu pû sans flétrir ta gloire ?

AMPHIARE.

Ah ! si j'avois pû les trahir,
Auriez-vous sur Phorbas remporté la victoire ?

ICARE.

Tu prétends donc par mes exploits,
Justifier ton cœur perfide !
Apollon s'est trop bien expliqué par ta voix.

AMPHIARE.

Croyez-vous qu'Apollon ordonne un parricide ?

ICARE.

Quoi ? le Chef de mes ennemis......

AMPHIARE.

Quel qu'il ſoit, Seigneur, c'eſt mon fils.

ICARE.

Que m'apprends-tu ? mais non, je vois trop l'impoſture ;
Tu veux te dérober au ſort le plus affreux.

ALCIDAMAS.

Ah ! reſpectez un ſang dont la ſource eſt ſi pure ;
Il n'en eſt pas moins Roi, pour être malheureux.

ICARE.

Il eſt Roi ! que viens-je d'entendre ?

AMPHIARE.

Icare, il eſt trop vrai ; j'en ai perdu le rang ;
Mais le ſort qui m'en fit deſcendre
M'a laiſſé l'orgueil de mon ſang.

ICARE.

O Ciel ! quel parti dois-je prendre ?
Quels troubles dans mon cœur viennent de s'élever !
à Amphiare.
Vous êtes Roi, ce nom ſuffit pour vous défendre :
Votre fils....

AMPHIARE.

Daignez achever.

ICARE.

C'eſt à la Reine à le ſauver.

AMPHIARE *à Axiamire.*

C'est donc à vous que je m'adresse ;
Un Roi tombe à vos pieds . . .

AXIAMIRE *l'arrêtant.*

Vous à mes pieds ! ô Dieux !
Mais, quelle voix secrete en sa faveur me presse ?
Des larmes malgré moi s'échapent de mes yeux.

AMPHIARE.

Votre cœur s'attendrit ; il ressent ma misere ;
Vous pouvez d'un seul mot en terminer le cours :
Au nom de l'auteur de vos jours,
Conservez un fils à son pére ;
Vous êtes son dernier recours :
Vous l'aimez ; votre amour lui sera-t'il funeste ?
Les Dieux me l'ont rendu ; dois-je le perdre encor ?
Mon fils est mon seul bien ; sauvez tout ce qui reste
Au tendre & malheureux Thestor.

AXIAMIRE.

Vous, Thestor ! vous ! mon cœur dont la voix m'en assure
N'en peut être désavoüé . . . . .

AMPHIARE.

Ah ! j'entends à la fois les Dieux & la nature,
Et vous êtes Théonoé.

AXIAMIRE.

Grands Dieux! où m'emportoit une aveugle colére!
J'allois sacrifier & mon pere & mon frère.

ALCIDAMAS.

O ma sœur!

AXIAMIRE.

Ce nom seul justifie en ce jour
Un penchant dont mon cœur n'avoit pû se défendre;
A la faveur du tendre amour
La voix du sang s'est fait entendre.

ALCIDAMAS.

O jour heureux!

ICARE.

O jour qui nous réunit tous!
Je n'ai plus de soupçons jaloux.

SCENE IV.

ICARE, THESTOR, LEUCIPPE, THEONOÉ, ELISMENE, Gardes.

ELISMENE.

SEigneur, pardonnez mes allarmes :
Alcidamas prêt à périr .....

ICARE.

Elisméne séche tes larmes,
Cet heureux jour les fait tarir.
Je te rends ce Héros ; tout l'éclat dont il brille
Me doit faire approuver ton choix ;
A sa valeur extréme il joint le sang des Rois,
Et le fils de Thestor est digne de ma fille.

aux Gardes.

Brisez les fers des Lyciens.

à Thestor.

Rassemblons dans ces lieux vos peuples & les miens.

THESTOR.

Ma couronne est votre conquête ;
Daignez la placer sur la tête
De votre fille & de mon fils.
Puissent mes heureux Sacrifices
Vous rendre les Destins propices
Contre vos communs ennemis.

ICARE.

SCENE DERNIERE.

ICARE, THEONOÉ, LEUCIPPE, ELISMENE, THESTOR, *Troupe de Cariens, Troupe de Lyciens.*

CHOEUR.

PArtageons nos plaisirs, partageons notre gloire;
Aux transports les plus doux abandonnons nos cœurs:
O fruit heureux de sa victoire!
Le destin des vaincus est le sort des vainqueurs.

On danse.

UNE CARIENNE.

Dans ces lieux il n'est plus de ravage;
Un doux calme y succéde à l'orage;
Les plaisirs pleins d'appas
Vont suivre tous nos pas.

Le Chœur répete ces quatre Vers.

LA CARIENNE continuë.

Dieu d'Amour, Dieu d'Hymen vous couronnez la paix;
Vous nous faites goûter les biens les plus parfaits.
La Victoire,
La Gloire,
Les Ris & les Jeux,
Tout répond à nos vœux.

Le Chœur reprend, Dieu d'Amour, &c.

On danse.

UNE CARIENNE, ET UNE LYCIENNE.

Tendres Amans, les plus doux charmes
Vont payer vos larmes;
Soyez toujours plus amoureux,
Et toujours plus heureux.

Le Chœur répete, Tendres Amans, &c.

Fin du cinquiéme & dernier Acte.

APPROBATION.

J'AY lû par ordre de Monseigneur le Chancelier, *Theonoé*, *Tragedie*, & je n'y ai rien trouvé qui puisse en empêcher l'impression. Fait à Paris ce 13. Novembre 1715. Signé, DANCHET.

PRIVILEGE DU ROY.

LOUIS par la grace de Dieu Roi de France & de Navarre : A nos amés & Feaux Conseillers les gens tenans nos Cours de Parlement, Maîtres des Requêtes ordinaires de notre Hôtel, Grand Conseil, Prevôt de Paris, Baillifs, Senechaux, leurs Lieutenans Civils, & autres nos Justiciers qu'il appartiendra, Salut. Les Sieurs Besnier Avocat en Parlement, Chomat, Duchesne, & de la Val de S. Pont, Bourgeois de notre bonne ville de Paris, Nous ont fait remontrer, qu'en consequence de l'Arrêt de notre Conseil du 12. Decembre 1712. du Traité fait entre eux & les Sieurs de Francine & Dumont le 24. desd. mois & an, & de nos Lettres Patentes du 8. Janvier ensuivant, confirmatives du Traité, ils auroient acquis le Privilege de faire representer les Opera durant le tems de vingt années, à compter du 20. Aout 1712. ainsi que le Privilege de la vente des paroles desd. Opera, lesquelles ils desireroient faire imprimer pour les donner au Public, s'il Nous plaisoit leur accorder nos Lettres de Privilege sur ce necessaires. A CES CAUSES desirant favorablement traiter les Exposans, attendu les charges dont l'Académie Royale de Musique se trouve oberée, & les grandes depenses qu'il convient faire tant pour l'impression que pour la gravure en taille-douce des planches dont ce Livre sera orné, Nous leur avons permis & permettons par ces Presentes de faire imprimer & graver les Paroles & la Musique, de tous lesd. Opera qui ont été ou qui seront representées par l'Académie Royale de Musique, tant separément que conjointement, en telle forme, marge, caractere, nombre de volumes & de fois que bon leur semblera, & de les faire vendre & debiter par tout notre Royaume pendant le tems de dix-neuf années consecutives, à compter du jour de la datte desdites Presentes. Faisons defenses à toutes personnes, de quelque qualité & condition qu'elles puissent être, d'en introduire d'impression étrangere dans aucun lieu de notre obeïssance, & à tous Imprimeurs, Libraires, Graveurs, & autres, d'imprimer, faire imprimer, vendre, faire vendre, debiter, ni contrefaire lesdites impressions, planches & figures, en tout ni en partie, sans la permission expresse & par écrit desd. Sieurs Exposans ; ou de ceux qui auront droit d'eux, à peine de confiscation des exemplaires contrefaits, de six mille liv. d'amende contre chacun des contrevenans, dont un tiers à nous, un tiers à l'Hôtel-Dieu de Paris, l'autre tiers auxdits Sieurs Exposans, & de tous dépens, dommages & interêts, à la charge que ces Presentes seront enregistrées tout au long sur le Registre de la Communauté des Imprimeurs & Libraires de Paris ; & ce dans trois mois de la datte d'icelles, que la gravûre & impression desdits Opera sera faite dans notre Royaume & non ailleurs, en bon papier & en beaux caracteres, conformément aux Reglemens de la Librairie, & qu'avant de les exposer en vente il en sera mis deux Exemplaires dans notre Bibliotheque publique, un dans celle de notre Château du Louvre, & l'autre dans celle de notre trés-cher & feal Chevalier Chancelier de France le Sieur Phelypeaux Comte de Pontchartrain, Commandeur de nos Ordres ; le tout à peine de nullité des Presentes : du contenu desquelles vous mandons & enjoignons de faire joüir lesd. Sieurs Exposans, ou leurs ayans cause, pleinement & paisiblement, sans souffrir qu'il leur soit fait aucun trouble ou empêchement. Voulons que la copie desdites Presentes, qui sera imprimée au commencement ou à la fin desd. Opera, soit tenuë pour dûëment signifiée, & qu'aux copies collationnées par l'un de nos amés & feaux Conseillers & Secretaires foi soit ajoûtée comme à l'Original. Commandons au premier notre Huissier ou Sergent de faire pour l'execution d'icelles tous actes requis & necessaires ; sans demander autre permission, & nonobstant Clameur de Haro, Charte Normande, & Lettres à ce contraires : Car tel est notre plaisir. Donné à Versailles le 20. jour d'Août l'an de Grace 1713. & de notre Regne le soixante-onziéme. Par le Roi en son Conseil. Signé BESNIER avec paraphe, & scellé.

Nous avons cedé à M. Ribou le present Privilege suivant le Traité fait avec lui le 17. Juillet dernier 1713. A Paris le 22. Aout 1713. Signé, BESNIER.

Registré sur le Registre avec la cession n. 3. de la Communauté des Libraires & Imprimeurs de Paris page 648. n. 731. conformément aux Reglemens, & notamment à l'Arrêt du 3. Août 1703. Fait à Paris ce 11. Septembre 1713. L. JOSSE, Syndic.

A PARIS. De l'Imprimerie de LAMESLE, ruë du Foin. 1715.

www.ingramcontent.com/pod-product-compliance
Ingram Content Group UK Ltd.
Pitfield, Milton Keynes, MK11 3LW, UK
UKHW020340250726
13967UKWH00005B/2041